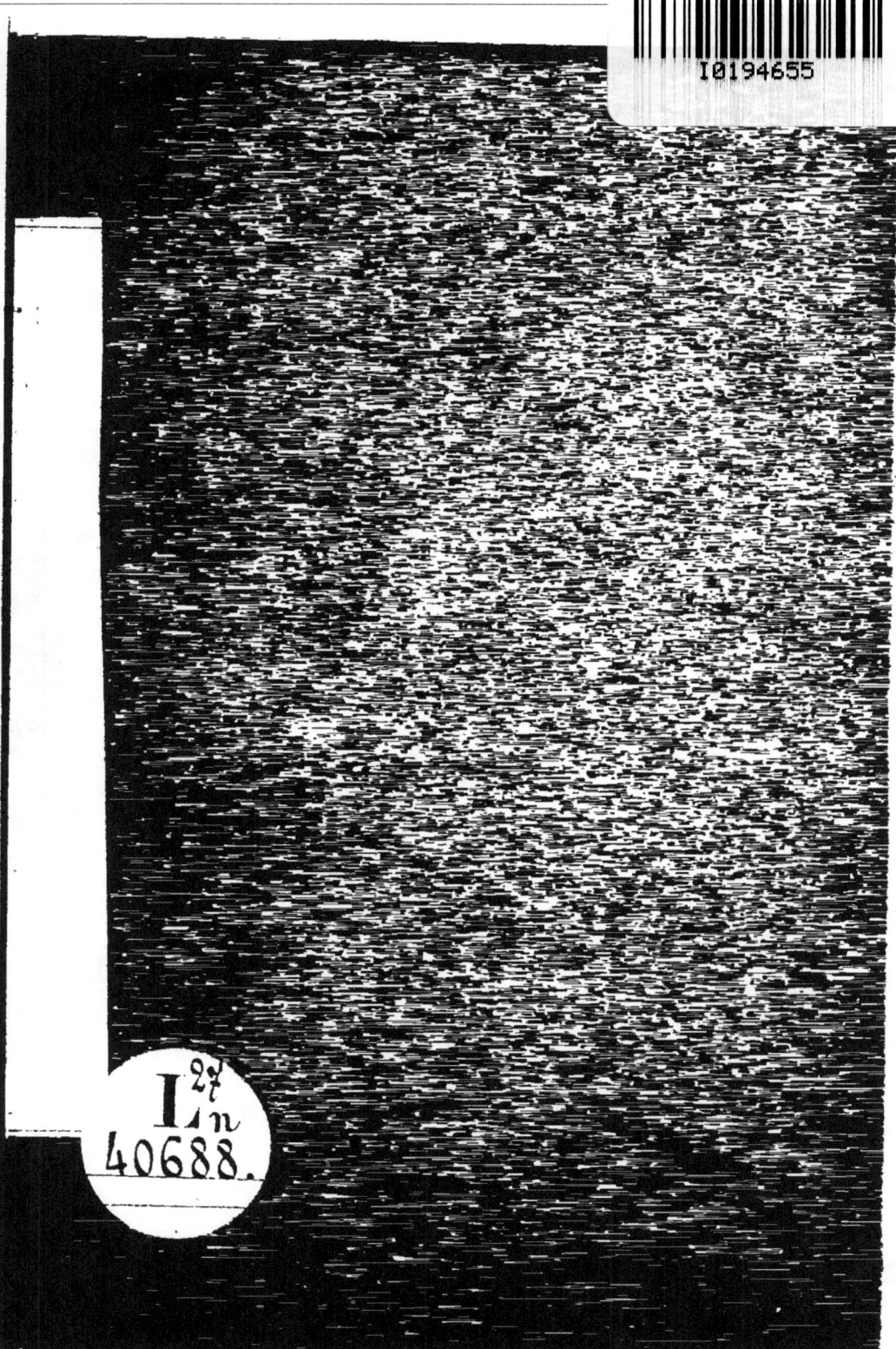

13.
92.

LE FRÈRE
FRANÇOIS GOYBET
DÉCÉDÉ A MOLD
LE 6 OCTOBRE 1886

LE F. FRANÇOIS GOYBET

Décédé a Mold, le 6 octobre 1886

I. *Enfance et collège.* — Le Frère Goybet naquit à Chambéry le 20 février 1856. Il fut baptisé sous le nom d'Élie-François, dans l'église consacrée à Notre-Dame par les Pères de l'ancienne Compagnie. Il se trouva donc, ainsi qu'il aimait à le rappeler, placé, dès son entrée dans la vie, sous le patronage de saint François de Sales, de saint Ignace et de la sainte Vierge. A ces prévenances de la grâce, il répondit, de bonne heure, par une piété aussi confiante qu'ingénue. Son aimable patron fut toujours, de sa part, l'objet d'un culte spécial ; mais sa tendresse filiale se porta surtout vers la sainte Vierge : le nom de Marie fut le dernier qu'on entendit sortir de sa bouche mourante ; ce fut aussi l'un des premiers que ses lèvres d'enfant apprirent à balbutier.

Il trouva tout d'abord, au foyer domestique, de nobles exemples et de persuasives leçons. On l'entendait dire un jour, à l'occasion d'un compliment adressé à Mgr de Ségur par les scolastiques de Vals : « J'ai vu pleurer le digne prélat quand on lui a chanté des couplets ayant pour thème cette idée : *Les vertus de Monseigneur de Ségur sont dues à sa mère.* » Et lui aussi, à ces paroles, avait senti son cœur de fils tressaillir. Voici en quels termes émus il racontait, quelques jours après la mort de sa mère, ce qu'il avait vu et appris à si bonne école : « Plus je repasse les souvenirs qu'elle m'a laissés, plus elle m'apparaît foncièrement chrétienne. Elle n'avait dans sa piété rien de petit ou d'affecté : elle aimait rondement le bon Dieu et laissait paraître, en toute occasion, la confiance qu'elle avait en Lui : « Laissez
« le bon Dieu conduire nos affaires, disait-elle, je
« me suis toujours bien trouvée de ce qu'il a fait
« pour moi. » Sa charité était sans bornes. Quand M. le Curé fit réparer le tabernacle, il pria ma mère de se charger du revêtement intérieur de soie. Elle accepta très volontiers ; et, comme quelqu'un semblait dire que les frais exigés étaient trop considérables : « Non, répliqua-t-elle ; je suis, au contraire,
« bien contente et bien fière, Monsieur le Curé, que
« vous me donniez l'occasion de meubler le bon
« Dieu. »

Grandissant dans cette chaude atmosphère de foi

et de piété, le petit François se tourna de bonne heure vers les choses de Dieu. Il était porté d'instinct à reproduire dans ses jeux enfantins ce qu'il avait vu et entendu à l'église. Tantôt, armé d'un petit couteau, auquel il tenait extrêmement, il se plaisait à sculpter de pieux objets en bois : tours, statuettes, chapelles, etc.; tantôt, grimpant sur une chaise, ou priant sa bonne de le hisser sur une table, il invitait ses frères et sœurs à se ranger autour de lui ; puis, après avoir débité avec des gestes charmants et d'une voix animée son petit sermon, il donnait gravement sa bénédiction au docile auditoire.

Il y avait parfois dans ses réponses de ces heureuses saillies qui annoncent un esprit vif et plein d'à-propos. « Un jour, raconte sa sœur, un évêque, parent de la famille, était descendu chez nous ; François s'approcha de lui, la tête voilée, et lui demanda sa bénédiction. « Et de quel ordre êtes-vous? » lui dit le prélat. L'enfant s'arrête un instant, puis, sans se déconcerter, répond : « Je suis de l'ordre des Hospitaliers. » Cette finesse dans les réparties, cette piété pleine de naïveté et d'abandon, étaient rendues plus attrayantes par une amabilité qui fut le trait dominant de sa nature, et qui contrastait avec un caractère mutin et un tempérament plein de vivacité.

Après l'annexion de la Savoie à la France, M. Goybet ayant été nommé juge au Tribunal de Montbrison, François le suivit et fut placé au collège ecclésiastique de cette ville. Ce ne fut pas sans regrets qu'il s'arracha aux caresses maternelles, et s'éloigna des charmants paysages en face desquels s'étaient écoulées ses premières années. Ecrivant à sa mère, il se compare au jeune oiseau enfermé dans une cage, qui cherche la porte de la volière « pour s'envoler aux champs paternels. » — « Il me semble, dit-il, qu'il y a 4,000 ans que je n'ai pas vu la maman et les petites sœurs. » Mais les impressions pénibles s'effacent vite à cet âge. L'ennui fut de courte durée. En peu de temps François gagna l'affection de ses condisciples et la bienveillance de ses maîtres ; dès lors, les chagrins des premiers jours se dissipèrent, la cage se dora et se transforma pour lui en un délicieux séjour : plus de notes tristes dans ses lettres ; on assiste aux joyeux épanchements d'un bon cœur, qui voudrait attirer auprès de lui tous les siens et partager avec eux son bonheur : « Si vous voyiez, chère maman, les pivoines blanches, les lis en boutons, les narcisses, les tulipes qui sont dans mon jardin, vous ne pourriez pas rester à Chamousset ; et si vous voyiez nos petits poussins qui courent, font des cabrioles, vous diriez : Je n'en veux plus, de ce Chamousset. » Dans les lignes qui suivent, sa joie éclate en élans naïfs, dont l'accent ne fait pas moins honneur au collège qu'à l'élève : « Impossible de vous dire le bonheur dont je jouis maintenant. J'ai dit plus d'une fois au bon Dieu : Mon Dieu ! ne me donnez pas tant de plaisir ! Je voudrais arrêter le temps qui coule. Vous souvenez-vous du sénateur qui nous disait que le temps du collège est le plus triste de la vie ? Je crois que je ne suis pas de son avis. »

Charmant camarade, écolier plein d'affection pour ses maîtres, fils délicat et aimant, François eût été un élève accompli, s'il avait uni aux autres qualités l'amour du travail. Il faut le dire : ce ne fut qu'après son entrée dans la vie religieuse qu'il se mit résolûment à l'étude. Malgré son extrême jeunesse, une mémoire heureuse, un esprit vif et souple lui auraient assuré, sans grands efforts, de prompts succès. Mais il aimait mieux, aux heures de travail, tailler quelque statuette, poursuivre une petite causerie, jouer quelques tours inoffensifs, loyalement et à découvert, que de pâlir sur le latin et le grec. Hâtons-nous d'ajouter que son étourderie ne porta jamais atteinte à sa piété : le signal de la prière donné, l'espiègle disparaissait, il ne restait plus qu'un ange. Maintefois, interrompant une lettre adressée aux siens, il ajoute : « C'est l'heure du chapelet, je vais le dire à votre intention. » Cette piété constante fut, avec un amour expansif pour ses parents, la principale sauvegarde qui le protégea contre les entraînements de la dissipation. Quand il s'agissait d'offrir à ses parents quelque consolation, il ne reculait devant aucun sacrifice. Elève d'Humanités, il déclare un jour à son professeur que, ne pouvant présenter à son père, pour le jour de sa fête, un bouquet de fleurs naturelles, il veut du moins lui offrir un bouquet de bonne conduite. Le temps qui suivit lui parut sans doute bien long ; mais le généreux enfant tint parole. Au jour fixé, l'un des maîtres dont il a conservé le plus affectueux souvenir, et qui devait le suivre dans la Compagnie, pouvait féliciter M. Goybet de l'application et des progrès de son fils : « Je suis satisfait de François, qui a fait de généreux efforts jusqu'à la fin de cette année de seconde ; il s'est adonné à l'étude de l'histoire avec goût et intelligence. Je ne vous dis rien de son caractère : vous savez que j'aime sa franchise et son bon cœur. »

Entré au collège Saint-Michel de Saint-Etienne en 1869, il y resta jusqu'au moment où les Pères furent expulsés par la Commune. « Il fut alors question, raconte M. Goybet, de l'envoyer suivre, comme externe, les cours du lycée. Malgré la répulsion que cet expédient nous causait à tous deux, je le présentai au proviseur, et il alla en classe. Au retour, il me dit : « Père, ne me faites pas retourner au lycée, « il m'inspire de l'horreur ; je préfère retourner au « collège de Montbrison. » Son désir fut satisfait : il vint achever sa rhétorique à Montbrison. Depuis, il remercia souvent la divine Providence de l'avoir préservé d'un grand danger, en inspirant à son père cette sage détermination. L'année suivante, il entra en philosophie au collège Saint-Michel. Ce fut quelques mois plus tard, à l'issue d'une retraite prêchée aux élèves de philosophie par le P. Ramière, qu'il se sentit appelé à la vie religieuse. Bien qu'il eût subi avec bonheur les épreuves du baccalauréat, ses parents, afin d'éprouver sa vocation, le déterminèrent à faire une seconde année de philosophie, au terme de laquelle, reconnaissant l'appel d'en haut, ils donnèrent à Dieu avec une joie toute chrétienne « ce fils tendrement aimé. »

Quant à lui, même avant de franchir le seuil de la vie religieuse, il montra par un trait qui jette une vive lumière sur sa généreuse nature, combien son renoncement au monde était sincère et absolu. Ses frères l'avaient accompagné sur la route de Lons-le-Saunier, jusqu'à la petite ville de Belley « Là, écrit sa sœur, notre bien-aimé François, craignant de ne s'être pas assez dépouillé, s'il gardait sa bourse et son petit couteau, les leur jeta du haut de la voiture avec son dernier adieu. »

Le 4 octobre 1873, il entrait au noviciat de Lons-le-Saunier. Peu de jours après, se reportant par la pensée à ses dernières années de collège, il admirait par quelles voies mystérieuses Dieu l'avait attiré à Lui. « Comment Notre-Seigneur, s'écriait-il, m'a-t-il amené à me faire jésuite ? — Je n'en sais rien ; c'est lentement, doucement ; et pour cela, que de grâces m'ont été faites ! Ce n'est pas moi qui l'ai mérité ; je crois que Notre-Seigneur a exaucé les prières de mes bons parents qui sont au Ciel. »

II. *Vie religieuse.* — Malgré l'aménité de son caractère, le jeune novice n'était point de ces jeunes gens dont l'allure grave et recueillie est favorisée par le tempérament. Nature loyale, expansive, mais impressionnable à l'excès, on voyait se refléter sur sa physionomie ouverte et comme transparente toutes les impressions dont son âme était traversée.

De là venait, dans le ton et l'allure, une vivacité un peu surprenante. Les petits défauts, qui chez d'autres auraient passé inaperçus, devenaient saillants dans ce jeune homme impétueux, dont tous les sentiments s'accentuaient vivement au dehors. Il fallait faire disparaître ces légères imperfections : le novice y travailla avec sa générosité habituelle. Longtemps il s'appliqua à réprimer les saillies de sa bouillante nature, à ralentir sa démarche, à modérer ses gestes, à régler sa voix, à donner à son extérieur plus de gravité, s'imposant même des pénitences en guise de sanction, quand il se laissait emporter à son humeur. De si persévérants efforts furent bénis, et le F. Goybet, sans perdre de vue ses premières résolutions, put s'employer avec plus de zèle à l'acquisition d'une autre vertu qu'il porta au plus haut degré.

Constamment pour lui-même un juge sévère, il se réservait de droit la dernière place. A l'en croire, il était sans esprit, sans talents, sans connaissances, à charge à tout le monde, et surtout d'un orgueil insupportable. « Je veux, disait-il plaisamment, qu'on rie de mes pointes, qui sont grosses comme des têtes d'éléphant. » Parfois il créait, pour satisfaire son humilité, des expressions d'une pittoresque énergie. « Un jour, raconte un de ses connovices, il se mit à commenter en récréation la parole du psaume : *Ut jumentum factus sum apud te.* — Oui, s'écria-t-il, voilà bien où j'en suis, *jumentum et jumentissimum !* »

Poursuivant l'amour-propre dans les plus secrets replis de son cœur, il sait le discerner avec une rare sagacité et en faire rigoureuse justice. « Pourquoi, s'écrie-t-il, ai-je moins de goût à entendre parler de choses pieuses, lorsque je n'y ai aucune part ?... Je souffre bien d'être humilié ; mais il me faut des humiliations et des réprimandes, pour me faire mieux voir mon impuissance et ma misère. » Cet idéal auquel il aspirait était exprimé avec non moins d'énergie, le jour où il offrit à Notre-Seigneur l'holocauste de sa vie : « Le sentiment, disait-il, dont je suis le plus pénétré, en faisant mes vœux, est celui-ci : Que je réussisse ou non, que je sois méprisé ou honoré, peu importe ! Mais que je vous offense, ô mon Dieu, ne le permettez jamais ! »

Cette humilité, à l'accent si naturel et si vrai, n'était

point un élan passager inspiré par la ferveur d'un moment. Née de sa foi et d'un sérieux retour sur soi-même, affermie par la prière, elle acquiert dans l'épreuve plus de relief et d'éclat : « J'ai prêché devant le Révérend Père Provincial, écrit-il à ses parents ; mais, Dieu merci ! avec le plus grand insuccès ; aussi, je n'ai aucune pensée de vaine gloire. J'ai fait comme l'avocat des *Plaideurs* : ce que je savais le mieux, c'était mon commencement, et je l'ai donné si rapidement que personne n'y a rien compris. La première partie a été enlevée aussi vite. Et voilà qu'à la fin je me suis trouvé à sec, sans pouvoir dire un mot, devant un auditoire qui, par charité, ne faisait que sourire, mais qui avait une furieuse envie de rire. Pourtant la fin du souper étant arrivée, je suis descendu, et j'ai été si content de cela que j'en ai dit un *Te Deum*. J'ai été mis par cet échec dans une parfaite tranquillité d'âme, ce qui est bien meilleur que le plus beau sermon suivi de pensées de complaisance. Aussi, réjouissez-vous-en avec moi : il vaut mieux être un médiocre religieux sous le rapport de la science, que sous le rapport de l'humilité ; car par cette vertu on prêche, et l'on prêche éloquemment. Priez donc la sainte Vierge afin que je sois humble. »

On savait qu'il ne fallait pas prendre à la lettre tout ce que l'humble Frère disait sincèrement de lui-même. Les dons qu'il avait reçus de Dieu semblaient ignorés de lui seul. Appliqué aux études, il sut réparer par un travail soutenu le temps qu'il prétendait avoir perdu sur les bancs du collège. Mais au plus fort de ses nouvelles occupations, il se fit une loi de mettre au-dessus de la science humaine l'œuvre de sa sanctification. Il avoue ingénûment qu'il a éprouvé un sentiment de satisfaction en passant au juvénat. « Il me semblait, dit-il, que tout y était facile. Je le crois bien, si on laissait tout aller ! Il me faut donc lutter, avec plus d'énergie qu'au noviciat, contre les distractions qui m'assaillent. » Coûte que coûte, il veut se maintenir dans l'humilité et la paix de l'âme. Si on lui demande pourquoi il a une dévotion particulière pour le vénérable Lancisius : « C'est, répond-il, parce que ce religieux fut très humble. » Un moyen qui lui semble infaillible pour vaincre l'amour-propre et « rester maître de soi », c'est de garder, autant que possible, le sentiment de la divine présence. Sur ce point, sa délicatesse était si grande qu'il se reprochait un jour d'avoir lu avec une joie trop vive une lettre longtemps attendue, car « il s'était trouvé, disait-il, totalement distrait de la pensée de Dieu. » Quelquefois, il est vrai, cette paix intérieure était troublée ; en des moments difficiles, sa nature impressionnable avait peine à se contenir. Il offrait alors à Dieu ses petites souffrances, et la tranquillité, ramenée par la prière et l'humilité, reparaissait bientôt dans son âme un instant bouleversée. Hors de ces mouvements involontaires, vite surmontés, sa gaieté est communicative ; nul ne sent et n'exprime mieux les joies intimes qui naissent des sacrifices de la vie religieuse : c'est le cœur qui parle un langage dont il est plein, qui épanche des sentiments qui le débordent. « Grâce à Dieu, écrit-il à un ami, les brouillards qui montent ici de la Bresse n'envahissent pas l'âme... Je serais heureux si Dieu te faisait la grâce de venir me rejoindre, car c'est ici le bonheur, le vrai bonheur. Tu es susceptible ? Eh bien ! ici jamais de froissements volontaires, toujours la charité la plus exquise. Tu aimes les idées nobles ? Les idées basses et vulgaires ne sont point connues ici : c'est une maison de respect, de joie, de délicatesse ; c'est la maison du bon Dieu. »

A la fin de 1876, le F. Goybet fut envoyé au scolasticat de Vals. A ses yeux, c'était le cercle le plus intime de Lons-le-Saunier qui s'élargissait. « Ici, écrit-il, toutes les provinces sont représentées ; mais, grâce à Dieu, on parle en général la même langue, celle de la charité. » Il n'est pas étonnant qu'on eût pour lui beaucoup d'égards ; étranger à toute pensée d'égoïsme, il s'employait au service de ses frères avec un entrain charmant. Echappait-il à sa vivacité naturelle une parole, un geste susceptible de blesser quelqu'un ? il ne craignait pas, s'il était expédient, de s'en excuser ensuite avec franchise et simplicité. Ceux-là surtout qui le connurent plus intimement, pourraient dire quels trésors d'affection recélait son âme. « Il était si droit, si loyal, si généreux, écrit l'un de ses frères, qu'on ne pouvait pas ne pas l'aimer. » A l'appui de ce dire, il serait facile de citer plusieurs traits, épars çà et là dans ses lettres, ou vivant encore dans le souvenir de ceux qui l'ont connu ; nous n'en choisirons qu'un.

Son ancien précepteur étant venu le voir à Vals, le F. Goybet lui servit la messe, reçut la communion de sa main et l'accompagna à Notre-Dame du Puy. Au salut, il obtint de chanter quelques couplets d'un cantique à la sainte Vierge. Le bon abbé était ravi et faisait effort pour maîtriser son émotion. En le quittant, il lui disait : « Cette fois, j'ai compris le bonheur dont jouit une mère quand elle voit son fils monter à l'autel. »

Il va sans dire que le jeune philosophe ne conservait pas son attrayante sérénité, sans de violents combats livrés à l'amour-propre et d'héroïques victoires sur lui-même. Plus naturellement porté vers les sciences naturelles et l'histoire, il avait peu d'attrait pour les questions ardues de la métaphysique. Toutefois, il s'adonna courageusement au travail qui lui était imposé. « Ces études, si arides soient-elles, répétait-il, sont nécessaires pour la conversion des âmes. Et puis, pour obtenir des grâces de conversion, il faut souffrir aussi. C'est quelquefois bien rude, mais c'est pour le bon Dieu. » Son langage est celui d'un apôtre qui, méprisant les éphémères et souvent ridicules triomphes de l'orgueil, se préoccupe avant tout de la gloire de Dieu et du salut des âmes. Aussi bien, il y avait dans le jeune religieux un foyer de zèle qui n'aspirait qu'à se dilater; ses lettres à ses parents, à ses frères, à ses amis, nous laissent entrevoir plus clairement encore sa noble ambition de conquérir des âmes à Jésus-Christ. Tantôt il fait des neuvaines pour le retour à Dieu d'une personne dévoyée; tantôt c'est une prière pour la persévérance de ses parents, de ses connovices, de tous les membres de la Compagnie; tantôt c'est un programme de conduite qu'il trace à un frère ou à une sœur, programme qui allie quelquefois à des vues larges une grande fermeté de principes.

Les lignes qui suivent nous montrent quels nobles reflets rejaillissaient de son zèle sur l'amour de sa famille et de son pays. Il écrit à un de ses frères, sur le point d'entrer dans la magistrature : « Ne crois point qu'un jésuite cesse d'aimer son pays et sa famille : je te veux du bien, j'en veux à notre pays, et je désire ardemment que, devenu homme de bien, tu te dévoues à la Savoie, que tu la ramènes aux bons principes, à la foi; je souhaite que tu sois sans transaction avec les principes révolutionnaires, quoi qu'il t'en coûte; en un mot, que tu deviennes un homme de Monsieur de Mun. Pour cela, il te faut une énergie persévérante ; elle est nécessaire partout, surtout dans les œuvres du bon Dieu. Comment l'acquérir ? En faisant chaque jour, tu entends bien, ce que ton règlement particulier te prescrit, sans jamais céder sur un point. »

A côté de ces pressantes exhortations, bien capables de provoquer l'essor du talent et le développement du caractère, en excitant dans une jeune âme de saintes ambitions, il adresse à son frère de touchantes recommandations pour un tout jeune enfant de la Savoie récemment admis au collège Saint-Michel. On aime à rencontrer dans un cœur d'apôtre cette vigueur et cette délicatesse. « Prends, lui dit-il, cet enfant sous ta protection ; demande à le voir plus souvent ; tâche de le consoler, s'il est triste : ces pauvres enfants sont tout embarrassés quand ils sont éloignés de leur mère. Tu le comprends, toi qui es si triste de quitter le toit paternel, les monts et les vallées de la Savoie. » Il avait autrefois subi, lui aussi, l'attraction de ses chères montagnes. Mais depuis son entrée dans la Compagnie, il était, disait-il, devenu « cosmopolite » ; non qu'il eût renoncé, comme on vient de le voir, aux légitimes affections du foyer et du sol natal ; mais il s'était élevé, selon l'esprit de sa vocation, à cette région supérieure où les âmes ne rencontrent ni barrière, ni distance, parce que leur patrie est aussi grande que le royaume de Dieu, et que la terre n'est qu'un petit coin de ce royaume. Aussi, en 1877, quand sa famille inquiète regardait avec effroi l'orage qui, des régions ministérielles, s'apprêtait à fondre sur la Compagnie, il répondait gaiement : « Peut-être nous croyez-vous dans les transes au sujet des événements ! Vraiment, pour les supérieurs, ils sont dans l'appréhension ; mais pour la gent menue, elle marche, travaille quand même, jusqu'à la minute où l'on nous dira : « En voiture les voyageurs pour l'étranger ! »

Au lieu de l'exil qu'il attendait, Dieu permit qu'une épreuve plus redoutable vînt le surprendre. Un jour, dans un mouvement de ferveur, il s'était écrié : « Mon Dieu ! jusqu'ici je n'ai touché la croix que du bout des doigts, je voudrais m'y fixer. » Il ne pouvait prévoir alors que ce désir se réaliserait bientôt, et de la manière la plus inattendue. Jusque vers la fin de 1878, il avait semblé jouir d'une parfaite santé. Trop confiant peut-être en la vigueur de son tempérament, et entraîné par son goût pour la minéralogie, il s'exposa, dans de longues promenades scientifiques, à de brusques variations de température. Un jour, après avoir subi pendant plusieurs heures une pluie diluvienne, il ne put à son retour changer complètement d'habits. Quelque temps après, une pleurésie se déclara, et bientôt le malade fut contraint de quitter Vals. Il ne se fit point illusion sur la gravité de son état ; mais redoutant pour ses parents l'effet d'un coup aussi subit, dès qu'il fut arrivé à Lyon, il s'efforça de les rassurer. « Quelle est la cause de mon départ de Vals, me demandez-vous? Eh bien! mes rhumes ont dégénéré en je ne sais quoi; bref, j'ai le bas du poumon droit légèrement pris; mais, pour l'amour du bon Dieu, ne vous épouvantez pas! Ce n'est rien, pourvu que j'aille dans un pays chaud : le soleil, la lumière, voilà mon vrai remède. » Vers la fin d'octobre 1878, il partait pour Marseille. Hélas! aucun remède humain ne pouvait enrayer définitivement le mal. Docile à toutes les prescriptions des médecins, le F. Goybet supporta sa longue épreuve avec une admirable résignation.

Parfois la convalescence lui semblait bien longue; mais il s'arrêtait au milieu de sa plainte, et jetant les yeux sur le crucifix, se résignait à la volonté de Dieu. Il disait souvent : « Le seul motif pour lequel je voudrais guérir, serait pour travailler au salut des âmes; mais si le bon Dieu dit autrement, soumettons-nous. » C'était un spectacle fortifiant de voir la sérénité de cette âme ardente. « L'état moral du F. François, écrivait le R. P. Recteur de Saint-Ignace, est toujours excellent. La vue de sa patience, de sa résignation si religieuse, de son inaltérable bonne humeur, fait du bien à l'âme. » A son entrain ordinaire s'unit, dans sa correspondance d'alors, un vif sentiment de gratitude pour les soins incessants dont il est l'objet. Le docteur Seux, qui, avec un dévouement admirable, lui prodigue, comme à tant d'autres religieux, les secours de son art ; la charitable personne qui, pendant trois mois, l'accueille chez elle avec une sollicitude toute maternelle ; ses frères qui le consolent par leurs visites ; le R. Père Recteur, qu'il appelle « une vraie maman », sont fréquemment nommés dans ses lettres, et toujours avec l'accent d'une intime reconnaissance. Dans ses relations avec ses parents, il ne laisse échapper aucune allusion qui puisse augmenter leur inquiétude. Sont-ils, à leur tour, visités par la maladie ? il oublie ses propres infirmités et souhaite de prendre la moitié du fardeau qui pèse sur eux, montrant ainsi que l'amour filial n'est ni moins fort, ni moins tendre, quand il est transfiguré par la foi. Cette sincère affection qu'il témoigne à ses parents, il la conserva toujours pour sa famille religieuse.

Il se réjouissait du succès de ses frères comme d'un triomphe personnel. Apprenant un jour qu'un novice avait ému son auditoire : « Rendons grâces à Dieu, s'écria-t-il, d'avoir donné à la Compagnie cette nouvelle recrue : il faut beaucoup d'éloquence pour émouvoir des novices, toujours portés à rire. » En parlant de son amour pour la Compagnie, on ne peut taire l'industrieuse charité avec laquelle il faisait parvenir, aux missionnaires et aux autres membres dispersés de sa famille religieuse, des renseignements qui relevaient leur courage et les mettaient au courant des travaux accomplis par leurs frères. « Je n'ai jamais entendu tant de nouvelles à la fois, disait un Père, à la lecture d'une de ses lettres. » Aussi, le bon Frère ne regardait pas à la peine. Chaque soir, il notait ponctuellement les traits recueillis çà et là pendant le jour ; heureux de pouvoir, au prix de cette fatigue journalière, adoucir pour quelques âmes les peines de l'exil, et les faire vivre un moment de la vie de leurs frères. Forcé par les décrets de quitter le collège de Saint-Ignace, il s'en va le cœur serré, comme un enfant qu'on arracherait du toit paternel. Il écrit à son père : « Je quitte avec regret cette maison, alors que j'ignore le moment où j'y pourrai rentrer : c'est ici que j'ai ma famille d'adoption. » Puis, faisant allusion au séjour de quelques mois qu'il venait de faire au milieu des siens, il ajoute : « Ce que j'éprouvai en quittant Chamousset, je l'éprouve maintenant en quittant la maison de Marseille. »

Dans l'intervalle de 1878 à 1883, le Frère Goybet s'était cru plus d'une fois à peu près guéri. Le 16 janvier 1883, il priait ses parents de remercier en son nom saint François de Sales : « Ne m'oubliez pas devant ses reliques ; vous vous souvenez que c'est à partir du jour de sa fête que je suis revenu à la santé, il y a quatre ans. » A voir son ardeur au travail, on eût dit qu'il jugeait le mal complètement enrayé. En réalité, laissant à Dieu le secret de l'avenir, il voulait, dans la mesure du possible, se préparer à défendre la cause catholique sur le terrain où l'appelaient ses aptitudes. A Vals, il s'était déjà livré avec trop d'ardeur, peut-être, à l'étude des sciences physiques et naturelles. A Marseille, la maladie ne l'empêcha pas de poursuivre l'œuvre commencée. Arrivé à Beyrouth vers la fin de septembre 1883, il rendait ainsi compte, dès le 15 octobre, de ses petites excursions minéralogiques: « Je commence à faire de belles collections. Pour cela je trotte, je monte autant que je puis sur les montagnes du Liban. J'ai trouvé des volcans, des laves, du basalte, etc. ; c'est une mine de satisfactions que j'ai là ; ma chambre est déjà encombrée de pierres, et ma tête d'observations. »

Ce qui le soutient contre les défaillances de la nature, c'est l'espoir qu'il contribuera, par ses travaux, à étendre le royaume de Jésus-Christ. Il regrettait de voir passer au pouvoir des hérétiques un tel élément d'influence, et il aurait souhaité que la Compagnie de Jésus se mît un jour à la tête du mouvement scientifique en Orient. Quant à lui, il se préparait de son mieux à la mission que pouvait lui réserver la Providence, en faisant de ses études une œuvre d'apostolat. Pendant qu'un directeur du Muséum de Paris le félicitait « de la sagacité dont il faisait preuve dans ses recherches minéralogiques, » un autre savant du Jura le remerciait de lui avoir montré « une œuvre de bon catholique » dans une étude où il ne cherchait auparavant « qu'une agréable distraction ». Il souhaitait même de visiter certaines parties encore mal explorées de la Syrie et de l'Arménie, afin de mieux connaître les ressources minéralogiques de la vaste zone orientale ouverte à nos missionnaires : désir, hélas ! qui, semblable à tant d'autres généreux projets, ne devait point se réaliser !

Le climat de Beyrouth ne lui étant pas favorable, il était rappelé en France au commencement de l'automne 1884. L'année suivante, il venait continuer à Mold son cours de théologie commencé en Orient. Cette destination répondait de tous points aux vœux secrets de F. Goyhet. « Je suis au huitième jour de mon séjour à Mold, écrivait-il à la fin de septembre, et rien ne me fait revenir de l'impression favorable des premiers moments. Le Frère infirmier qui m'a soigné à Marseille me procure tous les soins possibles ; le R. P. Recteur et P. Ministre y contribuent de tout leur pouvoir. » « Les Frères qui sont ici, disait-il ailleurs, ont pour moi toutes sortes de prévenances ; et puis, j'aurai le loisir d'apprendre une langue nouvelle. Aussi espère-t-il qu'au retour de Mold, on pourra lui confier quelque ministère. A six mois de là, il annonce à ses parents que, « malgré la rigueur de l'hiver, il s'est bien porté. » Dès cette époque, il fait souvent allusion au grand acte vers lequel convergent désormais toutes ses aspirations. « Je serai élevé au diaconat le 7 septembre ; c'est un degré qui me rapproche de la prêtrise. J'espère que ce dernier degré sera franchi en 1887, à la même époque : tâche redoutable que cette préparation ! Je compte sur vos prières, car bien préparé, quelles grâces j'attirerai sur vous ! »

Arrivé au dernier degré du temple, le jeune lévite ne devait pas franchir le Saint des Saints : comme ses angéliques patrons saint Louis de Gonzague et le B. Berchmans, il était destiné à orner le cortège de l'Agneau sans avoir obtenu l'ineffable privilège d'offrir à Dieu, pour lui et les siens, le plus sublime des hommes et la plus efficace des expiations. Si prompte que fût la mort, elle ne le surprit point. Dans les derniers mois surtout qui précédèrent sa maladie, un travail intérieur de la grâce s'opéra manifestement en lui. Au terme de sa retraite, 6 septembre 1886, il écrivait : « Si je tiens à ma vocation plus qu'à la vie, je ferai passer mes exercices spirituels avant le soin de ma santé. » Et, comme s'il eût pressenti que sa fin était proche, il se mit à l'œuvre sur-le-champ. On le vit suivre, plus régulièrement que jamais, les plus minutieuses prescriptions de la règle, avec une simplicité d'obéissance qui en relevait encore le mérite. « Il m'arriva, raconte un scolastique, de lui adresser une ou deux fois la parole en français, hors du temps de la récréation ; aussitôt le F. Goybet, sans écouter une fausse délicatesse, me répondit en latin avec sa courtoisie et son amabilité ordinaires ; ce qui m'édifia singulièrement. » On le voit, son âme était prête à recevoir la visite du Souverain Juge, qui pour lui ne pouvait être qu'un Père.

Jusqu'au lundi 4 octobre, rien n'avait laissé pressentir l'accident qui devait l'emporter. La veille, pendant la récréation du soir, il parlait anglais avec son entrain ordinaire. Le lundi matin, il fut subitement pris d'un vomissement de sang : le poumon droit était engorgé, et le malade, souffrant depuis longtemps d'un asthme, était menacé d'être étouffé. Personne toutefois, pas même le médecin, ne s'attendait au dénouement si prompt qui allait suivre.

Pour lui, se sentant gravement atteint, il offrit à Dieu avec résignation le sacrifice de sa vie. Il ne regrettait qu'une chose, c'était de mourir avant d'avoir été ordonné prêtre. Quelques heures avant sa mort, il montrait encore à l'un de ses plus intimes amis, d'un air triste mais résigné, ses mains qui ne devaient pas recevoir l'onction sacrée. Ce fut là, nous l'espérons, la dernière purification de cette âme, qui depuis huit ans avait été si éprouvée. Le mercredi, l'état du malade s'était aggravé : « Priez bien, dit-il à l'un de ses frères ; c'est aujourd'hui que mon affaire se décide. » Le soir, il manda le P. Spirituel, auquel il se confessa. Ses pressentiments ne le trompaient pas : c'était la délivrance qui approchait. Connaissant le dévouement des membres de la Communauté, il avait souvent demandé à Dieu la grâce de n'être pas veillé aussi longtemps que deux autres scolastiques, dont la mort l'avait profondément impressionné. Ce vœu où s'exprimait la délicatesse ordinaire de ses sentiments fut exaucé. A dix heures du soir, l'état du malade ayant empiré subitement, le R. P. Recteur lui administra l'Extrême-Onction. Dès ce moment, il parut ne plus s'apercevoir de ce qui se passait autour de lui : il était tout absorbé par l'approche du suprême combat. Appuyant sur chaque syllabe, il récitait de toutes ses forces la dernière partie de l'*Ave Maria : Sancta Maria, ora pro nobis peccatoribus, nunc et in horâ mortis nostræ*. La même prière se poursuivit dans le délire, délire céleste, pendant lequel les lèvres répétaient les brûlantes invocations qui jaillissaient de cœur. Un appel à Marie fut son dernier cri ; puis, comme si sa prière était exaucée, il remit paisiblement son âme entre les mains de sa bonne Mère, qui la présenta elle-même, nous l'espérons, à son Divin Fils.

Voici la belle réponse que M. Goybet adressait, quelques jours après cette sainte mort, au Révérend Père Recteur. A côté de la tendresse et de la douleur paternelle éclate la résignation chrétienne, et le langage du père est un nouvel hommage rendu à la mémoire du fils :

« J'avais donné mon fils à Notre-Seigneur, et j'étais bien fier de le voir dans les rangs de cette Compagnie qui le sert si bien. Dieu, en l'appelant à lui, m'impose le plus grand des sacrifices : il m'avait donné ce bon, cet excellent François, qui depuis sa naissance ne nous a pas causé le moindre chagrin. Que sa volonté soit faite, que son nom soit béni ! Ah ! je vois bien, mon cher Père, que vous aimiez mon François. Je sais qu'il vous aimait, mêlant à l'amour de son père et de sa famille celui de son Recteur et de sa famille religieuse. Je vous remercie des soins que vous lui avez prodigués, de tout ce que vous avez fait pour conjurer la maladie, adoucir ses souffrances, pour secourir son âme, honorer ses funérailles, et adoucir le choc terrible que le père et les enfants ont reçu. François est maintenant réuni à sa mère, à un frère et à une sœur morte en bas âge. Sa félicité adoucit et tempère notre douleur. Sa famille religieuse possède sa dépouille mortelle. Ainsi se trouvent liés pour toujours avec vous le père et ses fils. »

CHAMBÉRY, IMPRIMERIE C. DRIVET

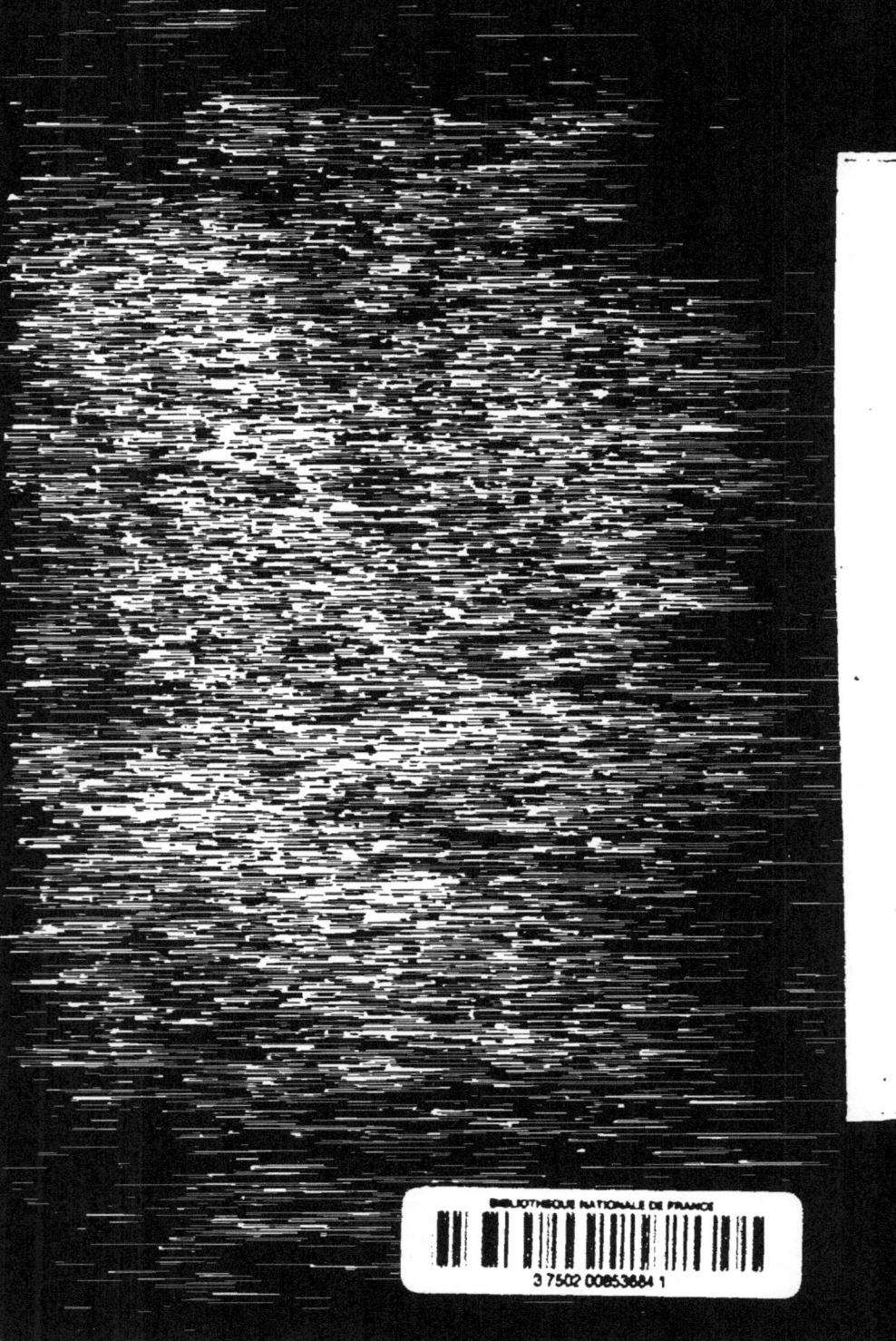

www.ingramcontent.com/pod-product-compliance
Lightning Source LLC
Chambersburg PA
CBHW060503050426
42451CB00009B/795